人生のヒント130

幸せをつかむ生き方指南集

Ishi Issei

射志一世

青山ライフ出版

目次

愛そう

その人を大切に思い、幸せにしたいと心から願う。
誰か一人でいいから、人を愛そう

アイデアを出そう

人と同じことをやっても成功できない。
頭をひねってアイデアを出し、他の人がやらないことをやろう

合うことに打ち込もう

どんなにやりたいことでも、自分に合わないことは長続きしない。
自分を見つめ直して自分に合うことを正しく選び、とことん打ちこもう

明るく生きよう

暗くなれば自分が落ち込むだけでなく、周りの人も暗くしてしまう。
苦しい時も明るさを忘れず、周りの人も明るくできるくらい明るく生きよう

アバウトにやろう

細かく考え過ぎても疲れるだけで、思い通りには行かない。
一々細かく考えるのはやめ、アバウトに考えて行動しよう

アピールしよう

遠慮も大事だが、遠慮してばかりでは本当の自分を知ってもらえない。ここぞという時には遠慮せず、積極的に自分をアピールしよう

慌て人間ヤメタルズ

想定外の出来事に慌てて対応すれば、物事は余計悪くなる。
揺れる心が落ち着くのを待ち、冷静な頭でじっくり考えてから動こう

怒りを抑えよう

人との間に摩擦が生じたとき、怒りに身を任せて行動すれば後悔する。怒りをぶつける言葉ではなく、互いのためになる冷静な言葉を探そう

忙しさを適度に作ろう

忙しすぎるのは疲れるが、暇すぎるのはもっと疲れる。
上手に計画し、負担にならない適度の忙しさを作ろう

1日1日を楽しもう

先のことをあれこれと考え過ぎて気に病めば、今が楽しめなくなる。
目の前の1日1日を大切にし、1日1日を楽しんで生きよう

ウインウインを考えよう

自分だけが得をしようとしてもうまく行かない。

自分と相手、両方が得する方法を考えよう

嘘つき人間ヤメタルズ

だれしも些細な嘘をつくのは仕方ない。
でも、人を傷つけたり苦しめたりする嘘は
やめよう

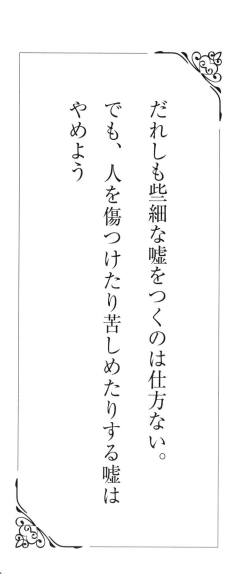

運動しよう

運動不足は成人病の元だし、運動は体だけ
でなく心も元気にしてくれる。
ウォーキングでも体操でも何でもいいから、
毎日少しずつ運動しよう

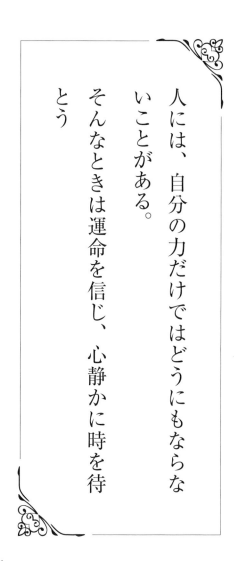

運命を信じよう

人には、自分の力だけではどうにもならないことがある。
そんなときは運命を信じ、心静かに時を待とう

縁を大事にしよう

何十億分の１の命と偶然出会う不思議。
自分と合う人との縁は、特に大事にしよう

オープンにしよう

自分を隠さない方が気分がいいし、人は自分の事などさほど気にしていない。人にどう思われるかなど気にせず、自分をオープンにして生きよう

思いやろう

人はそれぞれの思いで生き、親しい人でも
自分とは全然違う事を考えている。
目の前の人が何を考えているのか、相手の
見えない気持ちを思いやろう

面白まじめに生きよう

不まじめでは幸せはつかめないが、まじめなだけでは息がつまってしまう。
人生をまじめに生き、また面白く生きよう

親を大切にしよう

一人の子供を大人に育て上げるのは、本当に大変な苦労の連続。
どんなに衝突して嫌だと思っても、最後は親に感謝して大切にしよう

開拓しよう

同じことの繰り返しでは、新鮮味が次第に
薄れてつまらなくなる。
新しい人、新しい店、新しい世界、新しい
出会いをどんどん開拓しよう

過去を捨てよう

古い何かを捨てた時こそ、新しい何かと出会える。
古い過去は思い切って捨て、希望を胸に新しい未来へ向かおう

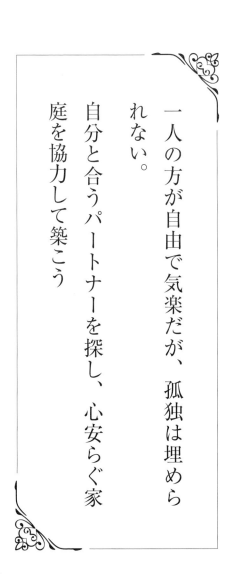

家庭を築こう

一人の方が自由で気楽だが、孤独は埋められない。
自分と合うパートナーを探し、心安らぐ家庭を協力して築こう

我慢人間ヤメタルズ

我慢をため込み過ぎると、いつか爆発して
取り返しがつかなくなる。
人に遠慮し過ぎるのはやめ、言いたいこと
を穏やかに伝えよう

感謝しよう

喜びや悲しみ、笑顔や涙、その全てがあったからこそ今の自分がある。
これまでの人生と支えてくれた人たち全てに、感謝して生きよう

寛大な心を持とう

小さなことにとらわれて根に持ち続ける、
小さな心はカッコ悪い。
小さなことにはこだわらずにすぐ忘れる、
広い大きな心を持とう

乾杯しよう

おいしいお酒は心の秘薬。
嬉しいことは乾杯して祝い、 つらいことも
乾杯して酒に流そう

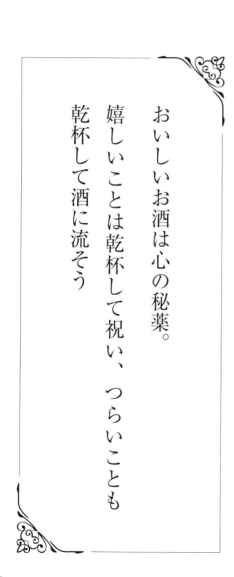

期待人間ヤメタルズ

期待通りに行くとは限らず、期待するほど
裏切られた時のショックも大きい。
人には期待しすぎないようにしよう

気長に取り組もう

物事にはそれなりの時間がかかり、急いでもうまく行かない。
大事なことにはたっぷり時間を取り、ゆっくり楽しみながらやろう

決めつけ人間ヤメタルズ

人の内心は見えないし、本当の所は話を聞いてみなければ分からない。
勝手に決めつけて人を悪く思うのはやめ、まず話を聞いてみよう

休養しよう

疲れた状態で無理に働けば、ストレスがたまって能率も上がらない。
疲れたら早めに休み、英気と体力を養ってからまた働こう

共存しよう

一人ひとりそれぞれ違うのが人間で、反対
意見を一々否定しても切りがない。
受け入れることはできなくても、なるべく
理解して共存しよう

協力しよう

一人では無理でも、力を合わせればきっと
できることがある。
志を共にできる仲間を探し、同じ目的に向
かって協力しよう

気楽に考えよう

くよくよ考えても悪いことが良くなるわけではないし、気分が滅入るだけ。

何事も深刻に考えすぎず、気楽に考えよう

グルメを楽しもう

味がいいだけではなく、気持ち良く入れて
気持ち良く出れる店が良い。
おいしいものと一緒に心地良い時間を過ご
し、心は笑顔に体は元気になろう

経験を積もう

世の中経験して初めて分かることが多い。
失敗など恐れず、どんどん経験を積もう

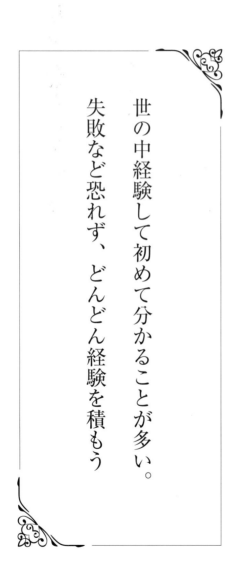

継続しよう

継続こそ、いつか大きなことを成し遂げる
秘訣。
一日一歩でもいいから前進し続けよう

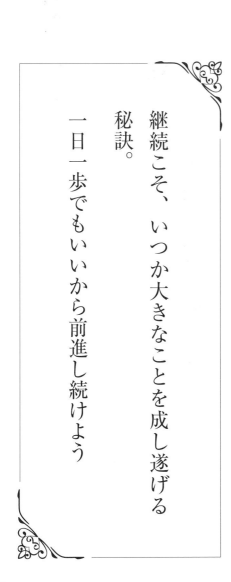

結婚しよう

結婚とは、長い長い時間の共有。
好きになり嫌いになり、それでも一緒にい
たいと思える人と結婚しよう

元気を出そう

元気をなくせば運も落ちるが、元気でいれば良いことも自然とやってくる。落ちこんだ時は新しいことに目を向け、元気を出して生きよう

健康を維持しよう

病気になって初めて健康の大切さが分かる
が、それでは遅いかもしれない。
普段から節制を心がけて仕事も無理せず、
健康を維持しよう

恋を楽しもう

結婚すれば生活に追われる日々が待っていて、現実を受け入れるしかない。美しい理想を夢見て、甘い時間を心行くまで楽しもう

呼吸を正そう

呼吸が浅いと酸素不足で精神不安定になり、
肩こりなど体の調子も悪くなる。
深く息を吸ってゆっくり吐き出し、体内に
酸素をたっぷり取り入れよう

心の関係を築こう

お金や体で結ばれた関係は長続きしない。
お金や体でつながる関係はやめ、心がつながる関係を築いて行こう

孤独を味わおう

独りで生まれて独りで死んでいく宿命を変えることはできない。
人とのふれ合いを楽しみつつ、時には孤独の静けさもかみしめてみよう

子供を見守ろう

血はつながっていても人格は全く別で、決して親の思い通りにはならない。反発されるだけの押しつけは一切やめ、遠くから優しく見守ろう

コミュニケーションを取ろう

互いを分かっているつもりで、実は身近な人すら全然分かっていない。面倒くさいと思わず、周りの人と積極的にコミュニケーションを取ろう

幸せを知ろう

本当は幸せを感じられる人生でも、求めすぎれば不幸に思える。
自分に本当に必要なもの以外、人生にあれこれと求めすぎるのはやめよう

仕事を進んでやろう

同じ仕事でも、進んでやれば喜びになり、
追われてやれば苦痛になる。
どうせやらなければならないなら、何かや
りがいを見出し進んでやろう

自己表現しよう

自分を無理に飾るのは疲れるし、飾った自分は本当の自分ではない。
人の目など気にせず、素の自分をありのままに表現して生きよう

自殺人間ヤメタルズ

死ぬ気になれば何でもできるし、死をも恐れないなら他に怖いものなどない。
自分で自分を殺すのだけはやめて、自分の命にできる何か他のことをしよう

自信を持とう

うまく行かずに自信をなくしてしまえば、
何事も成し遂げられない。
自信が揺らいだ時は、自分には必ずやれる
と、自分を励まし進んで行こう

姿勢を正そう

姿勢が悪いと肩が凝ってストレスになり、いい仕事もできない。
肩こりを感じたら姿勢を見直し、背筋をピンと伸ばして胸を張ろう

自分の思いを伝えよう

「お前はこうだ」と決めつける注意の仕方は、反発を招いて良くない。
「私はこう思う」と、自分の思いとして相手に伝えよう

自分を知ろう

よく分かっているつもりで、自分自身が一番見えにくい。
自分がどんな人間なのかを正しく知るため、自分を良く見つめ直してみよう

自分をほめよう

妬みややっかみは世の常だし、人はそうそう認めてはくれない。
頑張っても誰もほめてくれない時は、自分で自分をほめてあげよう

地道に努めよう

一人ひとりの小さな努力が、この大きな世界を作っている。
それぞれの場所で明るく笑いながら、地道な努力を一つひとつ積み重ねよう

使命を知ろう

世の中には自分がやるしかないことが、きっと一つや二つはある。
探し求めていつかつかみ、ライフワークとしてスローに取り組もう

集中しよう

一つのことに集中してエネルギーを燃やす方が、きっといい結果が出る。
他に気が散らないよう気をつけ、一つひとつ集中して打ち込もう

祝福しよう

幸せを祝ってもらえば嬉しいし、人の幸せも素直に喜ぶ気持ちになれる。
負けず嫌いや妬みの気持ちは抑え、大きな心で人の幸福を祝おう

正直に生きよう

正直に生きた方が気分がいいし、長い目で
見ればきっといいことがある。
たまにバカを見て損することがあっても、
ズルく生きるより正直に生きよう

職業を選ぼう

長年毎日、その仕事で苦労もしながら働き
続けて行く。
収入や見かけで選ばず、自分がやりたい自
分に合いそうな職業を選ぼう

初心に帰ろう

長く続けているといつしか惰性になり、新
鮮さをなくして行きづまる。
そんな時は、若々しい夢と希望に燃えてい
た初心を思い出してみよう

進歩しよう

いくら頑張っても、間違ったやり方では進歩できない。
試行錯誤しながら正しいやり方を見つけ、正しいやり方で努力を続けよう

親友を持とう

自然と気が合って根本を分かり合え、人には話せないことも何でも話せる。楽ではない人生を生き抜くためにも、そんな親友を一人でいいから作ろう

信頼しよう

裏切られれば人を信じられなくなるが、裏切らない良い人も必ずいる。
心を閉ざして疑いの中を生きるより、やっぱり人を信じて生きていこう

捨てよう

取っておいても新しい物が次々出て来て、
使うことはほとんどない。
自分に今必要な物以外はどんどん捨て、身
軽になろう

素直になろう

人に何か言われるとつい言い返したくなるが、反抗ばかりでは自分が損をする。良く考えて、間違ったことには反抗し、正しいことには素直に従おう

スローにやろう

人生80年なら、約3万日、約70万時間、約4200万分も生きられる。
何事も分刻みで急ぐのはやめ、遅めのスピードでじっくりやろう

誠実に生きよう

人の信頼を裏切れば、相手だけでなく自分の心も傷つける。
決して人を裏切らず、良心を大切にして誠実に生きよう

節制しよう

度を越して食べ過ぎれば、楽しかった食事が苦い後悔に変わる。
健康を維持するためにも、もう少し食べたい腹八分目の食事を楽しもう

戦略を立てよう

手ぶらでのこのこ戦場に出かけても、直ち
に切り捨てられて終わる。
自分の武器を整え勝利の策を練ってから、
人生の戦場に向かおう

育てよう

愛は植物に与える水と同じで、多すぎても少なすぎてもうまく育たない。アメとムチを使い分け、適度の愛情を注いで子供を育てよう

備えよう

一つのプランしか持っていないと、ダメだった時のダメージが大きい。
一つに打ち込みつつも過信せず、次善のプランもあらかじめ準備しておこう

対話しよう

自分と違う考え方を毛嫌いして話さなければ、永遠に溝は埋まらない。
意見の合わない人とも話せば少しずつ分かり合えるし、笑顔で対話しよう

抱こう

身も心もとろける快感で全てが癒され、エネルギーが全身に満ちあふれる。
たまにでいいから、愛する人を抱こう

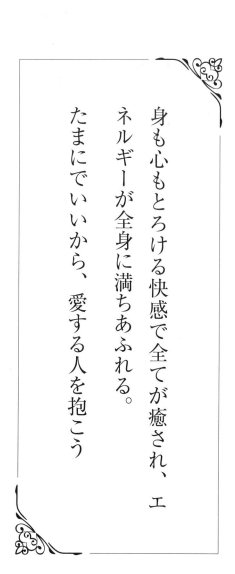

助け合おう

人は独りでも生きて行けるが、独りで生きるのがなかなか大変なときもある。
困っているときには助け、困ったときには助けてもらおう

旅をしよう

いい景色を見ておいしいものを食べ、新しい世界に触れると心が癒される。
日々の暮らしに疲れたら旅で心を洗濯し、単調な日常へ向かう英気を養おう

食べよう

空腹では、物事も悪い方悪い方へと考えてしまい、能率も上がらない。
どんなに忙しくても、バランスのいい食事をなるべく規則正しく取ろう

小さな人生を生きよう

本当に必要ないことまで惰性で色々やってしまう、大きな人生は疲れる。
自分に本当に必要なことだけ選んでゆっくりやる、小さな人生を生きよう

チャレンジを続けよう

一人ひとりの小さなチャレンジの積み重ねが、今の世界を作り上げた。
失敗など恐れず挑戦し続けよう

チャンスを生かそう

人生には、1度や2度は大きなチャンスが回ってくる。
その機を逃さず、勇気を出して全力でチャンスをつかもう

沈黙しよう

言おうか迷ったことを勢いに任せて言って
しまえば、取り返しがつかない。
その場は沈黙を守り、言うにしてももう少
し考えてからにしよう

強く生きよう

世の中良い人だけでなく悪い人もいるし、
優しいだけでは生きて行けない。
悪者には決して屈せずに最後まで対抗する、
強い心で生きて行こう

独立しよう

お金や気持ちで人に依存していては、真の自由は手に入らない。
自分だけで自分を支える覚悟を決め、経済的にも精神的にも独立しよう

取り越し苦労はヤメタルズ

問題になってから対処すれば十分だし、大した問題にならないことも多い。
取り越し苦労はやめよう

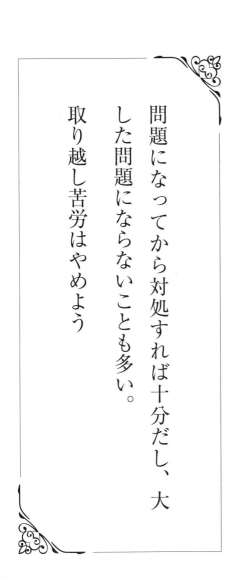

努力しよう

あらゆる栄光の陰に、地味な努力の果てしない積み重ねが隠れている。
自分がいつか輝くため、ひた向きな努力をこつこつ続けよう

中身を見よう

内面は外見と逆も多く、人を外見だけで選べば痛い目にあう。
外見からは見えない人の中身も、正しく見通して人を選ぼう

流れに身を任せよう

人は自分の思い通りにはならない。
本当に大切なこと以外はこだわらず、周りの流れに身を任せて生きよう

悩みを打ち明けよう

ため込めばため込むほど悩みは深まるが、
人に話すだけで心が軽くなる。
どうにもならなくなったら、信頼できそう
な人に悩みを打ち明けよう

眠ろう

睡眠不足では、明日への鋭気と活力が出ない。
12時前にはベッドに入り、全てを忘れてぐっすり眠ろう

飲みすぎ人間ヤメタルズ

度を越せば、楽しい時間が二日酔いの苦痛へと一変する。
酒は程々を心がけ、飲み過ぎないよう自分をセーブしよう

8割で良しとしよう

完璧主義で10割の人生を目指せば、疲れ切って長続きしない。
頑張り過ぎずに疲れたら休み、目標の8割できれば良しとしよう

はっきりしよう

遠慮してはっきりしないと、誤解され変に
期待されて良くない。
相手に分かるよう、自分の気持ちをはっき
り伝えよう

ハッピーになろう

幸せの形は人それぞれだし、人はそれぞれ
の思いで生きている。
自分の幸せを目指し、周りの幸せにも心を
配り、みんなでハッピーになろう

早寝早起きしよう

澄んだ空気と静寂に包まれ、早起きは気分がいいし1日を長く使える。
夜更かしの誘惑を振り切り、早めに布団に入って早寝早起きしよう

反省しよう

失敗は成功の母というが、漫然と失敗を繰り返すだけでは成功できない。次に成功するため、面倒でも自分が失敗した原因を突きつめて反省しよう

人と話そう

未知の情報が手に入り、新しい世界が広がって楽しい。
自分の世界を広げるためにも、人と会って色々話をしよう

人のせい人間ヤメタルズ

物事がうまく行かなかったとき、それを人のせいにしても仕方ない。
人を責めるのではなく、その人を選んだことを自省して次に活かそう

人の良い所を見よう

完璧な人などいないし、良い所もあれば悪い所もあるのが人間。
人の悪い所には目をつむり、良い所だけを見てつき合おう

批判人間ヤメタルズ

人の失敗を批判しても相手には響かないし、
余計に後味が悪くなる。
悪口はぐっと胸に押し込み、人をほめられ
ることに目を向けよう

不安定を生きよう

思い通りの安定した人生などなく、人生は
そもそも不安定なもの。
人生思い通り行かずに不安定な時も、こん
なこともあるさと笑って生きよう

ぶった切り人間ヤメタルズ

感情の赴くまま人間関係をぶった切ってしまえば後悔する。
少し距離を置いてつき合い、それでもダメなら穏やかに切ろう

プライドを捨てよう

プライドに囚われれば言いたいことも言えず、距離も縮まらない。
小さなプライドなんかは捨て、素直な思いを好きな人にぶつけよう

プラス思考で行こう

人生の苦難をマイナスに考えれば考えるほど、心はへこんでしまう。
つらい日々も成功へのステップとプラスにとらえ、希望の笑顔で生きよう

風呂に入ろう

体がポカポカ温まってリラックスし、ストレスも自然と癒される。
寝る前に風呂に入り、垢と一緒に一日の疲れを落とそう

勉強嫌いはヤメタルズ

勉強すればするほど、色んな人の色々な考え方が分かるようになる。
仕事には役立たないと毛嫌いせず、自分を豊かにするために勉強しよう

返信待ち人間ヤメタルズ

早く返事が欲しくても、相手がすぐ見て返信できるとは限らない。

イライラしながら返信を待つのはやめ、意識を移して他のことをやろう

忘嫌しよう

嫌なことはついくよくよ考えてしまうが、
いくら考えてもどうにもならない。
楽しいことを思い出して意識をうまく移し、
嫌なことなどとっとと忘れよう

報連相しよう

仕事で不安に感じた時、独断でやれば失敗する。
上司や先輩に、恥ずかしがらずに報告し連絡し相談しよう

ほめよう

ほめられれば嬉しいし、自然とやる気も出る。
人の良いところを探し、どんどんほめよう

本当の自分を追い求めよう

自分が本当にやりたくて、世のため人のためになり、実現できる大きな夢。
『本当の自分』を探していつかつかみ、ひたむきに追い求めて生きよう

前向きに生きよう

引きずってしまう過去もあるだろうが、過去は変えられない。
後ろは振り返らず変えられる未来を見つめ、
過去より良い未来を切り開こう

負けても屈服ヤメタルズ

人生必ず負けることがあるし、何度負けたっていい。
倒れても歯を食いしばって上を向き、心は決して屈しないようにしよう

見え張り人間ヤメタルズ

無理して見えを張るのは肩が凝るし、本当の自分を誤解されて良くない。
良い所だけでなく悪い所も、ありのままの自分を人に見せて伝えよう

ミスミス人間ヤメタルズ

ミスは誰にでもあるし、1度のミスならそう気にすることもない。
原因をよく反省し、同じミスを2度は繰り返さないようにしよう

認めよう

認められれば素直に嬉しいし、相手を認める気持ちも自然と湧いてくる。自分を認めて欲しければ、自分の方から相手を認めてみよう

無知の知しよう

自分の無知にはなかなか気づかないが、無知の無知では永遠に進歩できない。つまずいたら自分に何が足りないか、自分自身をよく見つめ直してみよう

無理なくできることをやろう

自分に無理なことをやろうとしても、ストレスがたまるだけで長続きしない。
自分が無理なくできることを、地道に積み重ねて行こう

メールは楽しもう

明るいメールが楽しいし、一度送ってしまえば取り返しがつかない。
暗いメール、責めるメールはすぐに送らず、一晩考えてからにしよう

優しくしよう

誰にでも優しくするのは難しいし、全ての
人に優しくする必要もない。
愛する人だけを絶えず思いやり、思いっき
り優しくしよう

友情と金を分けよう

損得勘定がないから友情が生まれるし、金の貸し借りは友情にひびを入れる。
頼まれても、あげても良いと思う以上の金を友達に貸すのはやめよう

夢を追おう

叶った時だけでなく夢を追いかける道のりも、実は最高に幸せな瞬間。
最初から無理と決めつけず、大きな夢をひた向きに追いかけよう

許そう

いつまでも引きずり復讐にとらわれていては、自分自身が一番損をする。
どんなに憎んで恨むことがあっても、いつかどこかで人を許そう

余韻を楽しもう

もう少ししたいぐらいでやめておいた方が、次が楽しみになり2度楽しめる。何事もやり過ぎずに程よい所でやめ、余韻を楽しもう

寄り道しよう

一途過ぎると疲れが出て、無理にやろうとすれば嫌になって長続きしない。
たまにはどこかに寄り道し、自然とやる気が出てから元の道へ戻ろう

理想人間ヤメタルズ

理想を追うのは楽しいが、あまりに現実離れした理想は夢のままで終わる。現実も冷静に見つめ、実現可能な範囲の理想を追いかけよう

礼儀と挨拶を大切にしよう

礼儀と挨拶は、一人ひとりどうしようもなく違う人間の共通語。誰に対しても礼儀を心がけ、めんどうくさがらずに挨拶しよう

老後を楽しもう

年を取れば心はそれだけ豊かになり、衰えた体も心で補える。
経験を積んでとても豊かになった心で、老後を一番楽しく生きよう

和解しよう

最後まで争うより握手して終わる方が、後々得られるものは大きい。
言いたいことを言って気を晴らしたら、どこかで歩み寄って和解しよう

別れ引きずりヤメタルズ

出会いがあれば別れがあり、人生は出会いと別れを繰り返す。
別れを引きずらずに前を向き、それ以上の出会いを探そう

笑おう

笑えば嫌な気分も吹き飛んで元気が出るし、
笑顔は幸せの友達。
嬉しい事楽しい事はもちろん、悲しい事苦
しい事も笑い飛ばして生きよう

後記

誰しも幸せな人生を求めて生きていると思います。でも人生にはマニュアルがなく、幸せになるのはそう簡単なことじゃない。他の人にも幸せになって欲しいし、自分も幸せになりたい。そう願いつつ人生と格闘し続ける中で生まれて来た、「幸せになるためのフレーズ」をまとめてみました。

本書の出版に尽力して下さった青山ライフ出版の方々に心から感謝です。もちろん通しで読んでいただいてもいいでしょうし、50音順ですので、気になるテーマを辞書の様にその都度引いてもらってもいいと思います。

コロナ禍で、心にもじんわりと嫌な汗がにじむような毎日。でも過ぎ去ってみれば人生は一陣の風の様なものかもしれません。気に入っていただいたフレーズが涼しい風になり、あなたの心を爽やかにしてくれることを祈っています（笑）

◆著者紹介

射志　一世

人生の意味、より良い生き方や本当の幸せを、軽いタッチの作品で世に問い続けるライト哲学作家。

著作は以下の通り。

『流星―東京からの脱出』（文芸社）

『失恋の光』（同上）

『イカリーマン』（同上）

『イカリーマン②幸せの青い国』（新潮社）

『俺の詩フォーティー』（石井二世。文芸社）

『リセットライフ―本当の自分を求めて』（石川一成。鳥影社）

幸せをつかむ生き方指南集　人生のヒント130

著　者　射志 一世

発行日　2022年11月24日

発行者　高橋 範夫

発行所　青山ライフ出版株式会社

〒108-0014 東京都港区芝 5-13-11 ザイマックス三田ビル 401

TEL：03-6683-8252　FAX：03-6683-8270

http://aoyamalife.co.jp　info@aoyamalife.co.jp

発売元　株式会社星雲社（共同出版社・流通責任出版社）

〒112-0005 東京都文京区水道 1-3-30

TEL：03-3868-3275　FAX：03-3868-6588

ISBN978-4-434-31227-4